Frank Alibegovic

Thesen zur Pädagogik der Kommunikation, zu quantitativen und qualitativen Forschungsmethoden und zu drei Arten von Beratung

GRIN Verlag

Bibliografische Information der Deutschen Nationalbibliothek:

Die Deutsche Bibliothek verzeichnet diese Publikation in der Deutschen National-
bibliografie; detaillierte bibliografische Daten sind im Internet über http://dnb.d-
nb.de/ abrufbar.

Impressum:

Copyright © 2007 GRIN Verlag GmbH
Druck und Bindung: Books on Demand GmbH, Norderstedt Germany
ISBN: 978-3-656-71066-0

Dieses Buch bei GRIN:

http://www.grin.com/de/e-book/277991/thesen-zur-paedagogik-der-kommunikation-
zu-quantitativen-und-qualitativen

GRIN - Your knowledge has value

Der GRIN Verlag publiziert seit 1998 wissenschaftliche Arbeiten von Studenten, Hochschullehrern und anderen Akademikern als eBook und gedrucktes Buch. Die Verlagswebsite www.grin.com ist die ideale Plattform zur Veröffentlichung von Hausarbeiten, Abschlussarbeiten, wissenschaftlichen Aufsätzen, Dissertationen und Fachbüchern.

Besuchen Sie uns im Internet:

http://www.grin.com/

http://www.facebook.com/grincom

http://www.twitter.com/grin_com

Thesenpapier von Frank Alibegovic für die Diplom-Prüfung in EW I

Termin	25.4.2007 um 10:30 Uhr
Prüfer	Prof. Dr. Andreas Dörpinghaus
Prüfling	Frank Alibegovic

Bereich a

Die Pädagogik der Kommunikation nach Klaus Schaller 2

Bereich b

Quantitative und qualitative Forschungsmethoden: Schriftliche Befragung – Interview 4

Bereich c

Beratung – Ressourcenorientiert, Interkulturell, Pädagogisch 9

Bereich a

Die Pädagogik der Kommunikation nach Klaus Schaller

2. Definition von Erziehung

„Erziehung ist die *Hervorbringung und Vermittlung* 'humaner' Handlungsorientierung in tendenziell symmetrischen Prozessen gesellschaftlicher Interaktion und Kommunikation unter dem Horizont von Rationalität." (SCHALLER 2005, S. 259; Hervorhebung im Original)

3. Aspekte dieser Definition

3.1 Hervorbringung und Vermittlung

- *Vermittlung als Vorgang der Kommunikation II*
  - Individuum und Sozietät sind konstituiert, Sinn existiert bereits
  - Interaktion als Wechsel*wirkung*
  - Intersubjektivität als Weitergabe von Sinn
- *Hervorbringung als Vorgang der Kommunikation I*
  - leiblich *in* Welt und *mit* anderen
  - schon vor jeder Reflexion und Sinnkonstitution
  - Inter-Subjektivität als gemeinsame Erhandlung von sozialem Sinn

3.2 Humane Handlungsorientierung

- *mehr Humanität*
- *„mehr Demokratie wagen"*
- *keine normative Vorgabe, sondern entspringt dem „sozialen Sinn"* (SCHALLER *1993, S. 197f.)*
  - geschieht im Vollzug von Inter-Subjektivität
  - wird dort konstituiert, wo menschliches Leben als (teilweise) inhuman auffällig wird

3.3 tendenziell symmetrische Prozesse

- *auch in der Kommunikation II*
  - optimal
  - rückhaltlos
  - demokratisch (nicht nur Ziel, sondern schon als Weg)
- *alle Betroffenen sind in der gemeinsamen Lage (Erklärung in:* SCHALLER *1993, S. 197)*

3.4 unter dem Horizont von Rationalität

- *Entscheidung für humanes Leben*
- *Bewusstmachen des Lebens* mit *anderen Menschen in* Welt
- *immer prüfen, ob dieses Sein gefährdet oder gefördert wird*

4. Die Bedeutung der Gedanken Komenskýs für die Pädagogik der Kommunikation

4.1 Omnes, omnia, omnino → alle alles allumfassend lehren

4.2 Die Pans bei Komenský und die Pans heute?

- *Externe Steuerung der aus dem Wissen stammenden Handlungsmöglichkeiten?*
- *Interne Steuerung aus dem Wissen durch Beratung (consultatio catholica)*

Literatur

- KNOLL, Joachim H. (1991): Prof. Dr. Klaus Schaller. Schlesier von Geburt, Comeniologe von Profession, der Kommunikation auf der Spur – zwischen Ernst und heiterer Geselligkeit angesiedelt. In: MÜLLER, Detlef K. (Hg.): ... der Kommunikation auf der Spur. Symposion für Klaus Schaller am 3. 7. 1991 im Institut für Pädagogik der Ruhr-Universität Bochum. Sankt Augustin: Academia Verlag, S. 15–24.

- MEYER-DRAWE, Käte (1991): Die Pädagogik der Kommunikation – eine Pädagogik des Respekts. In: MÜLLER, Detlef K. (Hg.): ... der Kommunikation auf der Spur. Symposion für Klaus Schaller am 3. 7. 1991 im Institut für Pädagogik der Ruhr-Universität Bochum. Sankt Augustin: Academia Verlag, S. 25–35.

- SCHALLER, Klaus (1979): Pädagogik der Kommunikation. In: SCHALLER, Klaus (Hg.): Erziehungswissenschaft der Gegenwart. Prinzipien und Perspektiven moderner Pädagogik. Bochum: Kamp, S. 155–181.

- SCHALLER, Klaus (1993): Pädagogik der Kommunikation. In: BORRELLI, Michele (Hg.): Deutsche Gegenwartspädagogik. Band I. Baltmannsweiler: Schneider-Verlag Hohengehren, S. 190–200.

- SCHALLER, Klaus (1996): Die Allgemeine Beratung des J. A. Comenius, die „Pädagogik der Kommunikation" und die neue Informationstechnologie. In: MICHEL, Gerhard (im Auftrag der Comenius-Gesellschaft) (Hg.): Comenius-Jahrbuch. Band 4. Sankt Augustin: Academia Verlag, S. 29–34.

- SCHALLER, Klaus (2000): Omnino. In: HELMER, Karl; KAUDER, Peter; MEDER, Norbert; MEYER-DRAWE, Käte (Hg.): Spielräume der Vernunft. Jörg Ruhloff zum 60. Geburtstag. Würzburg: Königshausen & Neumann, S. 322–343.

- SCHALLER, Klaus (2001): Unnützer Luxus. Die pädagogische Kritik des J. A. Comenius am »Dictionarium Calepini«. In: DÖRPINGHAUS, Andreas; HERCHERT, Gaby (Hg.): Denken und Sprechen in Vielfalt. Bildungswelten und Weltordnungen diesseits und jenseits der Moderne; Festschrift für Karl Helmer zum 65. Geburtstag. Würzburg: Königshausen & Neumann, S. 173–190.

- SCHALLER, Klaus (2005): Pädagogische Kommunikation als Vorgriff auf demokratische Lebensformen. In: BAUMGART, Franzjörg; LANGE, Ute; WIGGER, Lothar (Hg.): Theorien des Unterrichts. Erläuterungen, Texte, Arbeitsaufgaben. Bad Heilbrunn/Obb.: Klinkhardt (Studienbücher Erziehungswissenschaft, V), S. 256–260.

Bereich b

Quantitative und qualitative Forschungsmethoden: Schriftliche Befragung – Interview

1. Was ist eine Methode?

2. Der Einfluss Descartes' auf die Methodologie

3. Quantitative Methoden

3.1 Grundannahmen

- *Was heißt „quantitativ"?*
  - Lat. „quantitas": Größe, Menge
- *Vorgehensweise*
  - Hypothesenbildung
  - Operationalisierung
  - Auswahl der Stichprobe
  - Messung
  - Symbolische Repräsentation
- *Verifikation – Falsifikation*
- *Skalenniveaus*
  - Nominalskala
  - Ordinalskala
  - Intervallskala
  - Verhältnisskala
- *Gütekriterien*
  - Objektivität
  - Reliabilität
  - Validität

3.2 Die schriftliche Befragung

- *Formen*
  - geschlossen
  - offen
- *Vorteile*
  - personal- und zeitsparend
  - große Stichprobe
  - leichte EDV-Auswertung bei geschlossener Befragung
- *Risiken*
  - geringe Rücklaufquote (bei postalischer Befragung)
  - Auswertungsschwierigkeiten bei offener Formulierung
  - Formulierung der Fragen
  - Ermüdungstendenz
  - Vermeidung von Antwortextremen
  - Tendenz zu Antworten der sozialen Erwünschtheit
  - Erfasst nur Einstellung und Meinung, nicht das Verhalten

3.3 Auswertung bzw. Analyse

- uni- und bivariat
  - ▶ univariat: Häufigkeitsverteilung für jede Variable
  - ▶ wenn abhängige und unabhängige Var. mindestens Intervallskala entspricht, ist möglich:

► Korrelationsanalyse: Zusammenhang zwischen zwei Variablen
  ► Regressionsanalyse: untersucht Art des Zusammenhangs zwischen zwei Variablen
- multivariat
  ► Faktoranalyse: Zusammenhang zwischen mehreren Variablen beschreiben
  ► Clusteranalyse: filtert Teilgruppe heraus, die in Bezug auf eine Zielvariable ein homogenes Muster zeigt

3.4 Kritik

- *Das Problem der Komplexität*
- *Das Problem Subjektiver Theorie*
- *Das Problem der Wertfreiheit*
- *gegenstandsnahe Erfassung der ganzheitlichen Eigenschaften sozialer Felder*

4. Qualitative Methoden

4.1 Grundannahmen

- *Was heißt „qualitativ"?*
  - lat. „qualis": wie beschaffen, wie konstituiert, von welcher Art/Natur
  - qualia: Eigenschaft
- *Soziale Welt ist (für Einzelne und Kollektive) sinnhaft strukturiert*
- *Theoriekonzepte nicht im Voraus festgelegt*
- *praktische Bedeutung qualitativer Forschung*
  - selten: bei Forschern und Erforschten Lernprozesse auslösen
  - meist: reines verstehen, beschreiben, rekonstruieren (von Sinnstrukturen)
- *Gütekriterien*
  - Analytische Induktion
    ► Basis von Fallanalysen
    ► Entwicklung einer vorläufigen Theorie
    ► nach abweichenden Fällen suchen, bis universelle Annahme etabliert
  - Triangulation – Kombination verschiedener
    ► Datenmaterialen
    ► Forscher bzw. Untersuchungsgruppen
    ► Theorieansätze
    ► Methoden der Analyse
    ► systematische Erweiterung und Vervollständigung von Erkenntnismöglichkeiten
- *Prozessmodell der qualitativen Forschungen*
  - orientiert sich an Vorverständnis, das als vorläufig angesehen wird
  - Theoriebildung im Vollzug des Forschungsprozesses
- *Festlegung der Fragestellung*
  - Eingrenzung des Forschungsfeldes auf einen Ausschnitt
  - Wahl der Fragestellung beeinflusst weitere Forschungsschritte
    ► Auswahl und Zusammensetzung des empirischen Materials
    ► Entscheidung für die Instrumente der Datenerhebung
    ► Entscheidung für das bevorzugte Verfahren der Auswertung
- *Auswahl der Fälle*
  - „theoretisches Sampling"
    ► Entscheidung über Auswahl und Zusammensetzung des empirischen Materials wird erst im Prozess der Datenerhebung und -auswertung getroffen
    ► orientiert sich am Leitkriterium der zu entwickelnden Theorie
    ► nach erster Fallinterpretation werden hypothetische Kontrastfälle entworfen
    ► Auswahl und Einbeziehung neuen Materials abgeschlossen, wenn sich nichts Neues mehr ergibt („theoretische Sättigung")
    ► zielt auf Anreicherung der sich entwickelnden Theorie
  - „analytische Induktion"

- ▶ Entwicklung einer vorläufigen Theorie
- ▶ Suche und Analyse von speziell abweichenden Fällen
- ▶ zielt auf Absicherung der sich entwickelnden Theorie
- Kombination beider Strategien ist möglich

4.2 Das Interview

- *Definition*

  „ein planmäßiges Vorgehen mit wissenschaftlicher Zielsetzung, bei dem die Versuchsperson durch eine Reihe gezielter Fragen oder mitgeteilter Stimuli zu verbalen Informationen veranlaßt werden soll" (Lukesch 1998, S. 101; Hervorhebung im Original)

- *Formen nach dem Grad der Vorstrukturierung*
  - standardisiertes Interview
    - ▶ alle Fragen sind vorher festgelegt; beim Antwortmodus ist dies auch möglich
    - ▶ Ja/Nein, Stimmt völlig – stimmt gar nicht, Auswahlantworten aus Vorgaben
    - ▶ vor Allem bei der Erfragung strukturierter Daten anwendbar
    - ▶ Vorteile gegenüber Fragebögen
      - o Lesefähigkeit wird nicht vorausgesetzt
      - o die Aufmerksamkeit kann kontrolliert werden
      - o eventuelle Missverständnisse können geklärt werden
    - ▶ Nachteile
      - o interaktionsbedingte Antwortverzerrungen
  - halbstandardisiertes Gespräch bzw. teilstandardisierte Befragung
    - ▶ Gesprächsthemen sind vorgegeben, Fragen aber nicht vorformuliert
    - ▶ Oder: Fragen sind vorgegeben, aber die Antwortmöglichkeiten offen
    - ▶ Sonderform: problemzentriertes Interview
      - o verbindet offene Befragung mit dem Gespräch über vorher festgelegte Themen
      - o zielt auf die subjektive Erlebniswirklichkeit des Probanden ab
  - freies Interview bzw. nicht-standardisierte Befragung
    - ▶ Gesprächsthemen ergeben und entwickeln sich im Verlauf der Untersuchung
    - ▶ Anwendung z. B. als Tiefeninterview oder als qualitatives Interview
    - ▶ charakteristische Informationen ↔ subjektiv nicht bedeutsam oder nicht bewusst

- *Formen nach der Anzahl der Beteiligten*
  - duale Form   ein Interviewer   ↔   ein Befragter
  - „joint interview technique"   ein Interviewer   ↔   mehrere Befragte
    - ▶ Sozialverhalten zwischen den Befragten beobachtbar
    - ▶ verändertes Verhalten durch Selbstdarstellungstechniken
  - reziproke Sozialsituation   mehrere Interviewer   ↔   ein Befragter
    - ▶ z. B. bei Eignungsuntersuchungen
    - ▶ mit Aufgaben- und/oder Rollenverteilung (z. B. beim Verhör)
    - ▶ Erhöhung von Objektivität u. Reliabilität vs. soziale Einflüsse auf die Urteilsbildung

4.3 Auswertung

- *Deskriptiv-analytische Konzepte*
  - Sozialwissenschaftliche Paraphrasierung
  - Analyse subjektiver Theorien
  - Qualitative Inhaltsanalyse
  - Textstrukturelle Analyse
  - Dokumentarische Methode
- *theoriebildende Konzepte*
  - grounded theory
  - Prozessstrukturanalyse
- *tiefenstrukturelle Konzepte*
  - Psychoanalytische Textinterpretation
  - Objektive Hermeneutik
  - Diskursanalyse

4.4 Kritik

- *Interviewmaterial wird ohne Querschnittsauswertung auf wenige Sätze reduziert*
- *Einige Studien: Verwechslung qualitativer und quantitativer Forschungslogiken*
- *Sicherung der Gesprächsinhalte* → ***Genauigkeit vs. Ökonomie***
- *hoher Anspruch an Offenheit und Fähigkeit der Verbalisation und Selbsteinsicht*
- *einzigartige subjektive Perspektive vs. eventuelle Nicht-Thematisierung wichtiger Bereiche*
- *hohe Flexibilität des Interviewers notwendig*
- *Vergleichbarkeit der Antworten* → ***besonders bei Forschungsprojekten***
- *Auswertung sehr aufwändig* → *Inhaltsanalyse und Überprüfung auf Objektivität*
- *Interaktionsbedingte Einflüsse*
  - Verhaltensweisen des Interviewers → *z. B. Kopfnicken oder Schweigen*
  - Ausstrahlung des Interviewers → *z. B. freundlich-aufmunternd, fordernd-autoritär, neutral*
  - Geschlecht des Interviewers → *z. B. schätzen männliche Interviewer Patientinnen in sexueller Hinsicht seltener als schüchtern ein als Frauen als Befrager*
  - Vorinformationen über den Probanden → *z. B. Patient vs. Stellenbewerber*
  - Lebenssituation des Interviewers → *„bei Explorationen von Alkoholabhängigen durch Interviewer, die selbst vermehrt Alkohol konsumierten, (wurden) höhere Trinkangaben von seiten der Patienten erhalten… als von wenig trinkenden Interviewern"* (Lukesch 1998, S. 106)
  - subtile Konditionierungsprozesse können bestimmte Antwortmuster hervorrufen

Literatur

- GERBER, G.; REINELT, T. (1984): Einige Gedanken zu philosophisch-anthropologischen Grundlagen in der Sonder- und Heilpädagogik. In: Heilpädagogik, Jg. 27, Nr. 4, S. 104–108.

- HELLER, Kurt A.; PERLETH, Christoph (2000): Informationsquellen und Meßinstrumente. Hierin: Psychodiagnostisches Gespräch (Anamnese und Exploration). In: HELLER, Kurt A. (Hg.): Begabungsdiagnostik in der Schul- und Erziehungsberatung. Bern: Huber, S. 104–109.

- KÖHLER, Hartmut (1984): Wo aber bleibt der Mensch? Von der Cartesianischen Kürzungsregel und der Mathematisierung der Welt. In: Vierteljahrsschrift für wissenschaftliche Pädagogik, Jg. 60, Nr. 3, S. 332–355.

- KÖNIG, Eckard; ZEDLER, Peter (2002): Theorien der Erziehungswissenschaft. Einführung in Grundlagen, Methoden und praktische Konsequenzen. 2., überarbeitete Auflage. Weinheim: Beltz (UTB Pädagogik, Erziehungswissenschaft, 8219). Darin: Teil 2, „Erziehungswissenschaft als empirische Verhaltenswissenschaft", S. 37–84.

- KRÜGER, Heinz-Hermann (2002): Einführung in Theorien und Methoden der Erziehungswissenschaft. 3., durchgesehene Auflage. Opladen: Leske + Budrich (UTB für Wissenschaft Erziehungswissenschaft, 8108). Darin: Kap. II, „Forschungsmethoden der Erziehungswissenschaft", S. 175–242.

- LADENTHIN, Volker (2003): Wissenschaft und Bildung: Ein letztes Mal? Einführung in die Tagung der Görres-Gesellschaft. Marian Heitger zum 75. Geburtstag. In: Vierteljahrsschrift für wissenschaftliche Pädagogik, Jg. 79, Nr. 1, S. 1–7.

- LANGFELDT, Hans-Peter; TENT, Lothar (1999): Pädagogisch-psychologische Diagnostik. Band 2. Anwendungsbereiche und Praxisfelder. Göttingen: Hogrefe (Pädagogisch-psychologische Diagnostik, 2.). Darin: „Diagnostische Gesprächsformen: Anamnese und Exploration", S. 103–108.

- LAUTH, Bernhard; SAREITER, Jamel (2002): Wissenschaftliche Erkenntnis. Eine ideengeschichtliche Einführung in die Wissenschaftstheorie. Paderborn: Mentis. Darin: „Einleitung: Was ist Wissenschaftstheorie?", S. 11–27.

- LUKESCH, Helmut (1998): Einführung in die pädagogisch-psychologische Diagnostik. Regensburg: Roderer (Psychologie in der Lehrerausbildung, 3). Darin: „Dialogische Verfahren – Gesprächsmethoden", S. 94–116.

- MAHR, Herbert (1989): Auswirkungen von Gedanken Descartes' auf die Pädagogik. In: GERLACH, Hans-Martin; MEYER, Regina (Hg.): Descartes und das Problem der wissenschaftlichen Methode. Halle (Saale) (Wissenschaftliche Beiträge der Martin-Luther-Universität Halle-Wittenberg, 7), S. 123–128.

- WUSSING, Hans (1996): Rene Descartes (1596-1650) – Wegbereiter moderner Wissenschaft. In: Mathematik in der Schule, Jg. 34, Nr. 3, S. 156–171.

Bereich c

Beratung – Ressourcenorientiert, Interkulturell, Pädagogisch

1. Ressourcenorientierte Beratung

1.1 Gesellschaftliche Entwicklungsprozesse und psychosoziale Beratung

- *2 Merkmale der Moderne (Keupp; vgl. Beck)*
  - Individualisierung
  - Pluralisierung
- *Modernisierungsgewinner und -verlierer*
- *Risiken*
  - unüberschaubarer, komplizierter, unkalkulierbarer, unplanbarer
  - Gültigkeit traditioneller Muster geht verloren
- *Chancen*
  - neue, bisher ungedachte und ungelebte Möglichkeiten
  - Fremd- und Vorbestimmung wird reduziert
  - Spielraum für Eigenentscheidung und -verantwortung entsteht
- *Mit Freiheitsgraden und Spielräumen wachsen auch Verunsicherungen*
- *Beratung dann helfen,*
  - wenn individuelle Kompet. + soziale Ressourcen fehlen
  - Identität zu entwickeln und erhalten, eigene Biographie gestalten (vgl. Kant)
  - Chancen und Ressourcen konstruktiver nutzen
  - „Verlierer": Langzeitarbeitslose, ältere Menschen, Menschen mit Behinderung, benachteiligte Jugendliche, Kinder in Armut, alleinerziehende Frauen, Migranten und Migrantinnen
- *Abgrenzung von klinischer Psychologie und Therapie*
  - 1. Bezug auf weitgehend reflexions- und handlungsfähige Personen
  - 2. Beratungsdauer zeitlich überschaubar und begrenzt
  - 3. Priorität von Stärken und Fähigkeiten vor Defiziten und Schwächen
  - 4. Einsicht, Leben = INTERAKTION aus Person und Umwelt
  - 5. Verankerung von Beratungsaufgaben in Kontexten der Lebensbezüge einer Person

1.2 Sozialökologischer Rahmen

- *4 Dimensionen des Umweltsystems*
  - 1. Übergreifende gemeinsame Charakteristika von Personen
  - 2. Soziale Beziehungen und Netzwerke
  - 3. Institutionen und Organisationen
  - 4. gebaute und natürliche Umwelt
- *beidseitige Wirkung von Mensch und Umwelt*
- *4 Systemebenen (z. B. alleinerziehende Mutter)*
  - Mikrosystem
  - Mesosystem
  - Makrosystem
  - Exosystem
- *Beratung bezieht sich*
  - direkt auf Personen
  - direkt auf Umweltsysteme
  - indirekt über Personen auf Umweltsysteme
  - indirekt über Umweltsysteme auf Personen

1.3 Anknüpfungsmöglichkeiten für den Entwurf einer Ressourcentheorie der Beratung

- *klassische psychotherapeutische Richtungen*
- *Gemeindepsychologie*
- *Gemeindepsychiatrische Entwürfe (Empowerment)*
- *ressourcenerschließende Sozialarbeit*
- *sozialpädagogische Beratung*
- *Netzwerk- und soziale Unterstützungsforschung*

1.4 Ressourcenkonzepte

- *Definition Ressource*
- *„Ressourcen sind alle Dinge, die wir in unserer Lebensgestaltung wertschätzen, die wir für die Lebensbewältigung benötigen und daher erlangen, schützen und bewahren wollen." (Nestmann 1997, S. 23)*
- *4 Kategorien (nach Hobfoll)*
  - 1. Objekte: Wohnung, Kommunikations- und Transportmittel, Kleidung usw.
  - 2. Bestimmte Lebensbedingungen und -umstände: Selbstzweck oder Zweck für...
  - 3. Personenmerkmale: Selbstwert, Bewältigungsoptimismus, Kontrollbewusstsein, soziale Kompetenz
    - ▶ Elemente eines positiven Selbstbildes
    - ▶ ermöglichen Zugang zu wertgeschätzten Zuständen
  - 4. Energieressourcen: Geld, Vertrauensvorschuss, Wissen
- *Ressourcen ergeben sich aus der Interaktion und dem Passen der Interaktion von Person und Umwelt*

1.5 Grundaxiome der COR-Theorie

- *Wann?*
  - + Ressourcen sollen erweitert bzw. gezielter genutzt werden
  - (+) Ressourcenverlust wird befürchtet
  - (-) Ressourcen werden verloren
  - - Es fehlen Ressourcen
- *Ressourcenverlust ist einflussreicher als Ressourcengewinn: Verhinderung von Verlust primäre Aufgabe*
- *Es werden Ressourcen für Vermeidung von Verlust bzw. Aufbau benötigt*
- *Gewinn- und Verlustspirale*

1.6 Ressourcenorientierte Beratung

- *Ressourcenorientierung statt Defizitorientierung*
- *Alltägliches und professionelles Ressourcenverständnis*
- *Ressourcensensibilität und -diagnostik*
  - Personseite:
    - ▶ hohes Selbstwertgefühl
    - ▶ Optimismus und Bewältigungsoptimismus
    - ▶ Problemlösekompetenz
    - ▶ Kontrollüberzeugung
  - Umweltseite:
    - ▶ sozioökonomischer Status und gesichertes Einkommen
    - ▶ Einbindung in konfliktfreie Netzwerke und enge Bindung
    - ▶ emotionale soziale Unterstützung
    - ▶ Beratung und Beratungsbeziehung SELBST potentielle Ressource
  - Personen- und Umweltressourcen
    - ▶ Handlungsansätze
      - ○ 1. Personen- und Umweltressourcen ressourcensensibel identifizieren und diagnostizie-

ren
  - o 2. brachliegende Ressourcen aktivieren und mobilisieren -> alle 4 Kategorien
  - o 3. Ressourcen bei Personen auf- oder wiederaufzubauen, in Lebenskontexten erschlie-
    ßen
  - o 4. vorhandene Ressourcen von Person und Umwelt in Passung bringen
  - o 5. zuallererst Ressourcen erhalten und sichern
  - ▶ Abstimmungsprozesse
    - o 1. Umwelt so beeinflussen, dass Ressourcen des Individuums maximal zur Geltung
      kommen + geschätzt werden
    - o 2. Personen so beeinflussen, dass sie Umweltressourcen schonend nutzen
- Ressourcenverlust und Ressourcensicherung
  - ▶ Ressourcenverlust vermeiden
  - ▶ Verlustspirale durchbrechen
  - ▶ Ressourcengewinn anstreben
- Ressourcenpassung

2. Interkulturelle Beratung

2.1 Von der interkulturellen Beratung zur interkulturellen Perspektive auf Beratung

- *Definition*
  - Professionelle Person, die Repräsentantin der kulturellen Mehrheit
  - Klient, die kulturellen Minderheit angehört
- *2 Verkürzungen*
  - 1. Gleichsetzung von Kulturdifferenzen mit nationalen oder ethischen Differenzen
  - 2. auf personelle Berater-Klient-Konstellation beschränkt
  - 3 idealtypische Ansätze
    - ▶ *1. Ausländerberatung*
    - ▶ *2. Label interkulturelle Beratung*
      - o 2. Personen so beeinflussen
      - o kulturelle Differenzen anerkennen
      - o Beratung institutionell und komunikativ, sowie Zielsetzung nich Assimilationsanforderung
    - ▶ 3. Interkulturelle Perspektive auf Beratung
      - o Einsicht, dass Fokussierung der Kulturdimension -> führt zu Ausblendung von Verhält-
        nissen sozialstruktureller Ungleichheit
      - o Label verschleiert die Dimension gesellschaftlicher Benachteiligung kulturalisitisch
      - o Differenenkategorie steht im Mittelpunkt

2.2 Was heißt "interkulturell"? Differenz und Ungleichheit als Schlüsselbegriffe

- *Verständnis von Kultur als*
  - flüssige, veränderliche, umkämpfte und perspektivenproduzierte Dimension
  - Dimension, für die das ungleiche Verhältnis der Einflussnahme sozialer Akteure auf-
    einander kennzeichnend ist, in der diese Ungleichheit zum Ausdruck gebracht wird
- *Kultur = Sinn- und Symbolbestände UND Handlungsweisen (Kultur als Praxis)*
- *Differenz = Relationen zwischen Elementen, die dynamisch sind: Praxis der Unter-
  scheidung*
- *Möglichkeiten der Teilnahme sind nicht gleich*
- *Ungleichheit ist konstitutiv für jeweilige kollektive Praxis des Unterscheidens*
- *Verhältnisse der Differenz und Ungleichheit auch Verhältnisse der Imagination*
- *Imaginationen stellen Versuch dar, die Undefinierbarkeit der definierenden Zugehörig-
  keit zu heilen*
- *Kulturelle Imaginationen sind Bilder, in denen Selbstkonstitutionen stattfinden*
- *Beratungsort als kultureller Ort Vorgaben macht, die das Handeln unter interkulturellen
  Vorzeichen präformiert und restringiert*

2.3 Beratung als Anerkennungshandeln im Medium von Nicht-Verstehen

- *Ambivalenz*
  - 1. Wissen über das typische notwendig
  - 2. Verstehen beinhaltet Machtförmigkeit
    - ▶ findet in Kategorien desjenigen statt, der versteht
    - ▶ tendiert dazu, Prozesse der Begegnung abzuschließen und nicht zu eröffnen
- *Durch Verstehen verschwindet seine Fremdheit*
- *Verstehen zielt auf Assimilation des Fremden*
- *-> Erkenntnis, dass der Andere different und nich verstehbar ist, muss zum Ausgangspunkt interkultureller Bildung werden!!*
- *Verschänkung von Verstehen (ich erkennen den Anderen ALS Anderen) und Nicht-Verstehen*
  - kündigt Beziehung zum Anderen nicht auf
  - begegnet der für Beziehung notwendigen Möglichkeit des Verstehens skeptisch
  - stellt sie kommunikativ und reflexiv in Frage
- *ANERKENNUNG*
  - als prekäres Phänomen der Gleichzeitigkeit der Erkennbarkeit und Nicht-Erkennbarkeit des Anderen
  - Oder: „Anerkennen im Medium von Nicht-Verstehen."
- *Ziel: doppelte Anerkennung*
  - 1. Anerkennung von Klienten in ihrem Status als Handlungssubjekten
  - 2. stärkt das Vermögen der Klienten, sich wechselseitig in ihrem Status als Handlungssubjekte anzuerkennen
- *An-Erkennung zwei Momente*
  - Identifikation
  - Achtung
- *Voraussetzung für Selbst-Anerkennung*
- *Anerkennung von 3 Sphären der Subjektivität*
  - personale -> handlungsfähige und unabhängige Person
  - soziale -> Pflege und Darstellung der sozialen Identität: Kultur + Sprache
  - politische -> Partizipation
- *2 Ziele:*
  - 1. Selbst- und Fremdbezug des Klienten bei Ermöglichung des Vollzugs der subjektiv als angemessen erachteten Differenzpraxis
  - 2. Strukturen thematisieren, die dies verhindern und ermöglichen
    - ▶ Stärkung der ermöglichenden Strukturen
    - ▶ Veränderung der verhindernden Strukturen

3. Pädagogische Beratung

3.1 reflexiv <->transitiv

3.2 Abgrenzung von

- *Erziehung*
- *Therapie*

3.3 1. Aspekte der Begriffsgeschichte und Begriffsdefinition

- *Definition Beratung*
  - relevante Wissen asymmetrisch verteilt
  - Informationen usw. weitergegeben werden
  - Informations- und Wissensaneignung führt zu Verbesserung seiner Problembewälti-

gung
- *Reflexive Beratung*
  - „sich-beraten"
  - gemeinsam akzeptierte Handlungsentscheidung
  - Konsens über Beschreibung oder Beurteilung eines Sachverhalts
- *Transitive Beratung*
  - „jemanden beraten"
  - Rat geben
  - unverbindlichen Handlungsvorschlag machen
  - keine Sanktion erwarten
- *Rahmenbedingungen*
  - Freiwilligkeit der Teilnahme
  - Abbruchfreihheit
  - Glaubwürdigkeit des Beraters

3.4 2. Ansätze pädagogischer Beratungstheorie

- *Abgrenzen von*
  - Politik- und Institutionenberatung
  - psychologischer Beratung als „Quasi-Therapie"
  - philosophische psychologische Lebensberatung
  - Bloßer Informationsweitergabe -> Zweck: lebenspraktisch relevante Entscheidungs-prozesse (bei Handlungsproblemen)
- *Gegenstand*
  - nicht intrapersonelles, psychisches oder physisches Krankheitssymptom
  - individuelle Konkretionen von sozial typischen Problemsituationen
  - Sinn- und Orientierungskrisen
    - ▶ die durch gesellschaftliche Transformationsprozesse verursacht werden können
    - ▶ nicht durch Rückgriff auf tradierte Deutungs- und Handlungsmuster bewältigbar
  - zeitlich begrenzte und bewusstseinsnähere Phänomene
- *Ziel*
  - personenbezogene pädagogische Unterstützung bei der Entwicklung einer jeweils subjektiv erträglichen und sozial angemessenen Form der individuellen Auseinander-setzung mit sozial typischen Problemsituationen

3.5 3. Zum Verhältnis von Beratung, Bildung und Therapie

- *Bedeutungen*
  - Therapie: Veränderung innerpsychischer Realitäten
  - Bildung: an Konsens- und Wahrheitsfindung orientiertes Handeln
  - Beratung: BEGRÜNDUNG einer lebenspraktischen Entscheidungshandlung
- *Voraussetzung*
  - Klient in der Lage, subjektiv wie auch sozial angemessene bzw. legitimierbare Ent-scheidungen über die Annahme von Deutungsangeboten und Handlungsalternativen zu treffen

3.6 4. Der Berater, die Beratungskompetenz und das Beratungswissen

- *Leistung*
  - zur problembezogenen Erweiterung des Horizonts an Deutungsmöglichkeiten beizu-tragen
  - so dass der Klient selbst seine Situation interpretiert und Handlungsalternativen ent-wirft
- *theoretisches Wissen*
  - intellektuelle Verfügbarkeit über wissenschaftlich erzeugtes Wissen keine zureichende

Grundlage von Beratungskommunikation
- lebenspraktische Vernünftigkeit der Begründungen von Entscheidungen nicht aus wissenschaftlichen Kriterien sozialen Handelns
- Sonst: „homo consultabilis" <-> „homo therapeuticus"
- auch in humanistischer Psychologie bleibt, wissenstheoretisch betrachtet, diese Struktur erhalten

- *Begründungen*
  - daran messen, ob sie den Lebenskonstruktionen ihrer Adressaten angemessene Problemlösestrategien ermöglichen
  - die zugleich in sozialen Lebenszusammenhängen des Klienten realisierbar und anerkennungsfähig sind
- *Ziel*
  - KEINE Übernahme von Entscheidungs- und Begründungskompetenzen durch den Experten
  - zunehmend selbstbestimmte bzw. aktiv mitbestimmte Gestaltung von Lebenspraxis
  - prinzipielle Achtung der lebenspraktischen Autonomie des Klienten

3.7 5. Relationen von Wissen und Können: Forschungsdesiderata

- *Keine bloße Anwendung von (wissenschaftlich fundiertem) Wissen*
- *Beratung als Transformationprozess*
  - verliert Wissenschaftswissen den Status eines ausdifferenzierten objektivierten Wissens
  - wird zum Bestandteil alltäglicher Aushandlungsprozesse
  - als Moment der Begründung von Entscheidungen fungiert
- *nicht ÜBER sondern MIT Adressaten reden*
- *ZIEL: unter Wahrung der Nicht-Bevormundung einen Konsens über Handlungen herbeizuführen*
  - gemeinsam akzeptierte Deutung einer vergangenen Handlung
  - Konsens über Vorschläge zu zukünftigem Handeln

3.8 Beziehung in der Beratung

- *4 Momente von „Beziehung"*
  - Beziehung als Hintergrundphänomen
  - Beziehung als Erfahrungsphänomen
  - Beziehung als lebenslange Wirkung
  - „Beziehung" ist wertfrei
- *Besonderheiten von Beratungsbeziehungen*
  - Intensität
  - professionelle Merkmale
  - funktionale und personale Ebene
- *Beziehung als Thema in der Beratung*
  - in der Beziehung zwischen Berater und Klient
  - als Auslöser für Schwierigkeiten, die Anlass für Beratung sind
  - Beziehungsschwierigkeiten des Klienten auch in der Beratungssituation wirksam
  - Gestörte Beratungsbeziehung und TZI (Ruth Cohn)
- *Beziehung in verschiedenen Beratungsansätzen und -feldern*
  - Unterschiedliche Bedeutung
  - Spannungsfeld Zugehörigkeit <-> Eigenständigkeit (bzw. Interdependenz <-> Autonomie)
  - 4 Stufen der Bedeutsamkeit und des Anspruchsniveaus
    - ▶ Stufe 1: Das Arbeitsbündnis
    - ▶ Stufe 2: Sich-Aufeinander-Einlassen

- ○ Strategische Beratungsansätze z. B. kollegiale Supervision
- ○ Übertragungsbeziehung z. B. Psychoanalyse
- ► Stufe 3: Normative dialogische Beziehung (Rogers)
- ► Stufe 4: Integraler Dialog
  - ○ Berater sieht sich selbst als personales Gegenüber
  - ○ kann durchaus andere Sichtweisen dem Klienten gegenüber vertreten
- ► Beziehungslernen
  - ○ erfasst die ganze Person
  - ○ in Zusatzausbildungen
  - ○ „Beziehung" als lebenslange Aufgabe

Ressourcenorientierte Beratung

- • Fittkau, Bernd (2003): Ressourcenaktivierende Kurzzeit-Beratung. In: Krause, Christina; Fittkau, Bernd; Fuhr, Reinhard; Thiel, Heinz-Ulrich (Hg.): Pädagogische Beratung. Grundlagen und Praxisanwendung. Paderborn: Schöningh (UTB Pädagogik, Erziehungswissenschaften, Sozialpädagogik, 2326), S. 143–150.

- • Nestmann, Frank (1997): Beratung als Ressourcenförderung. In: Nestmann, Frank (Hg.): Beratung. Bausteine für eine interdisziplinäre Wissenschaft und Praxis. Tübingen: dgvt-Verl. (Forum für Verhaltenstherapie und psychosoziale Praxis, 37), S. 15–38.

- • Nestmann, Frank (2004): Ressourcenorientierte Beratung. In: Nestmann, Frank; Engel, Frank; Sickendiek, Ursel (Hg.): Das Handbuch der Beratung. Band 2. Ansätze, Methoden und Felder. Tübingen: dgvt-Verl., S. 725–735.

Interkulturelle Beratung

- • Eberding, Angela (2004): Bedeutung der Sprache in der systemischen Beratung und Therapie. In: Radice von Wogau, Janine; Eimmermacher, Hanna; Lanfranchi, Andrea (Hg.): Therapie und Beratung von Migranten. Systemisch-interkulturell denken und handeln. Weinheim: Beltz PVU, S. 92–103.

- • Friese, Paul (2004): Interkulturelle Beratungskompetenz. In: blind. sehbehindert. Zeitschrift für das Sehgeschädigten-Bildungswesen, Jg. 124, Nr. 2, S. 83–88.

- • Gaitanides, Stefan (2004): Interkulturelle Kompetenzen in der Beratung. In: Nestmann, Frank; Engel, Frank; Sickendiek, Ursel (Hg.): Das Handbuch der Beratung. Band 1. Disziplinen und Zugänge. Tübingen: dgvt-Verl., S. 313–325.

- • Küpelikilinc, Nicola (2004): Behinderung und ihre Bedeutung für Migrantenfamilien. In: blind. sehbehindert. Zeitschrift für das Sehgeschädigten-Bildungswesen, Jg. 124, Nr. 2, S. 73–81.

- • Mecheril, Paul (2004): Beratung: Interkulturell. In: Nestmann, Frank; Engel, Frank; Sickendiek, Ursel (Hg.): Das Handbuch der Beratung. Band 1. Disziplinen und Zugänge. Tübingen: dgvt-Verl., S. 295–304.

- • Pavkovic, Gari (2004): Beratung für Migranten. In: Nestmann, Frank; Engel, Frank; Sickendiek, Ursel (Hg.): Das Handbuch der Beratung. Band 1. Disziplinen und Zugänge. Tübingen: dgvt-Verl., S. 305–311.

Pädagogische Beratung

- • Aristoteles (1965): Über die Tugend. In: Grumach, Ernst (Hg.): Aristoteles. Werke in deutscher Übersetzung. Berlin: Akademie-Verlag Band 18: Opuscula Teil I, S. 5–10.

- • Dewe, Bernd (1995): Beratung. In: Krüger, Heinz-Hermann; Helsper, Werner (Hg.): Einführung in Grundbegriffe und Grundfragen der Erziehungswissenschaft. Opladen: Leske + Budrich (UTB Erziehungswissenschaft, 8092), S. 119–130.

- • Dörpinghaus, Andreas (2005): Gut beraten sein. Erwachsenenbildung als Praktik pädagogischer Beratung. In: Erwachsenenbildung. Vierteljahrsschrift für Theorie und Praxis, Jg. 51, Nr. 2, S. 79–83.

- • Engel, Frank (2004): Allgemeine Pädagogik, Erziehungswissenschaft und Beratung. In: Nestmann, Frank; Engel, Frank; Sickendiek, Ursel (Hg.): Das Handbuch der Beratung. Band 1. Disziplinen und Zugänge. Tübingen: dgvt-Verl., S. 103–114.

- FUHR, Reinhard (2003): Struktur und Dynamik der Berater-Klient-Beziehung. In: KRAUSE, Christina; FITTKAU, Bernd; FUHR, Reinhard; THIEL, Heinz-Ulrich (Hg.): Pädagogische Beratung. Grundlagen und Praxisanwendung. Paderborn: Schöningh (UTB Pädagogik, Erziehungswissenschaften, Sozialpädagogik, 2326), S. 32–50.

- HELMER, Karl (1997): Rhetorik und Beratung. In: APEL, Hans Jürgen; KOCH, Lutz (Hg.): Überzeugende Rede und pädagogische Wirkung. Zur Bedeutung traditioneller Rhetorik für pädagogische Theorie und Praxis. Weinheim: Juventa-Verl., S. 81–99.

- HÜGLI, Anton (2002): Geltung und Verstehen: Die Frage nach dem Ort des Begriffs „Geltung" im menschlichen Dasein. In: DÖRPINGHAUS, Andreas; HELMER, Karl (Hg.): Rhetorik - Argumentation - Geltung. Würzburg: Königshausen & Neumann (Beiträge zur Theorie der Argumentation in der Pädagogik, 2), S. 171–191.

- KANT, Immanuel (1974): Beantwortung der Frage: Was ist Aufklärung? In: BAHR, Ehrhard (Hg.): Was ist Aufklärung? Thesen und Definitionen. Kant, Erhard, Hamann, Herder, Lessing, Mendelssohn, Riem, Schiller, Wieland. Stuttgart: Reclam (Universal-Bibliothek, 9714), S. 9–17.

- MOLLENHAUER, Klaus (1965): Das pädagogische Phänomen „Beratung". In: MOLLENHAUER, Klaus; MÜLLER, C. Wolfgang (Hg.): „Führung" und „Beratung" in pädagogischer Sicht. Heidelberg: Quelle & Meyer (Pädagogische Forschungen, 29), S. 25–50.

Sonstiges

- BRUNNER, Ewald Johannes (2004): Systemische Beratung. In: NESTMANN, Frank; ENGEL, Frank; SICKENDIEK, Ursel (Hg.): Das Handbuch der Beratung. Band 2. Ansätze, Methoden und Felder. Tübingen: dgvt-Verl., S. 655–661.

- MUTZECK, Wolfgang (2005): Kooperative Beratung. Grundlagen und Methoden der Beratung und Supervision im Berufsalltag. 5., aktualisierte Neuauflage der 4. Auflage 2002. Weinheim: Beltz (Beltz-Taschenbuch, 51). Darin: Kap. 2, „Grundlagen pädagogischer Beratung", S. 12–47.

- MYSCHKER, Norbert (2005): Verhaltensstörungen bei Kindern und Jugendlichen. Erscheinungsformen - Ursachen - hilfreiche Maßnahmen. 5., überarbeitete und aktualisierte Auflage. Stuttgart: Kohlhammer. Darin: Kap. 6.2, „Beratung und Supervision", S. 279–297.

- RUSCHMANN, Eckart (2004): Philosophie und Beratung. In: NESTMANN, Frank; ENGEL, Frank; SICKENDIEK, Ursel (Hg.): Das Handbuch der Beratung. Band 1. Disziplinen und Zugänge. Tübingen: dgvt-Verl., S. 141–153.